Dans la même collection

SUJETS DE SOCIÉTÉ

Pourquoi le 11 septembre 2001?
À la fois française et musulmane
Non au racket!
Votre histoire à vous, les filles
Chacun son look
La violence en direct
Vous y croyez, vous, en Dieu?
La drogue, vous êtes tous concernés
Touche pas à mon corps
Fan Mania
La mort, c'est pas une vie!
Sauvons la planète
Génération ordinateur
C'est quoi le spiritisme?
Pourquoi tant d'injustice?

MOI

Je suis trop timide...
Et si la joie était là?
Vous vous sentez seul...
Je ne sais pas qui je suis...
Tu t'es vu quand tu triches?
Nous, les 11-15 ans
Ado Blues...
Nous les filles...
C'est pas facile de grandir!
Réveillez-vous les mecs!
J'écris mon journal intime

AMOUR ET AMITIÉ

Le coup de foudre, ça existe?
L'amitié c'est sacré!
Pas si facile d'aimer
La sexualité expliquée aux ados
Un copain pas comme les autres...
Des mots pour dire...

FAMILLE

Une nouvelle famille, c'est pas facile!
Un père, c'est pour la vie
Frères et sœurs, pour la vie?
Les miens aussi ils divorcent!
On n'est plus des bébés

ÉTUDES

Collège, mode d'emploi
On n'est pas des nuls!
Prêts pour la sixième!
J'apprends à travailler
Les années lycée...
Des ados en Europe
Je ne sais pas quoi lire!
Nous on n'aime pas lire...

Connectez-vous sur :
www.lamartiniere.fr

AVEC VOTRE MERE, C'EST PLUS PAREIL

AVEC VOTRE MERE, C'EST PLUS PAREIL

LAURENCE GILLOT
VÉRONIQUE SIBIRIL
ILLUSTRÉ PAR ANNE-SOPHIE TSCHIEGG

De La Martinière
Jeunesse

SOMMAIRE

ELLE VOUS A PORTÉ DANS SON CORPS

AVANT, ELLE ET VOUS ÉTIEZ TRÈS PROCHES

VOUS VOUS COMPRENEZ MOINS BIEN

MAL DE MÈRE

INTRODUCTION

AU DÉBUT, VOTRE MÈRE ET VOUS, VOUS ÉTIEZ PROCHES, TRÈS PROCHES.

Mais, depuis que vous n'êtes plus un(e) enfant, vos relations sont vraiment moins évidentes, moins faciles. Pourtant, c'est sûr, vous l'aimez et elle vous aime. Que se passe-t-il ?

Il se passe que vous êtes en train de devenir un(e) adulte. Votre corps et votre vision du monde changent. Vous posez sur votre maman un nouveau regard, plus

fin, plus pertinent, plus critique. Cela vous déstabilise. Elle aussi !
Alors, depuis quelque temps, vous avez du mal à communiquer avec elle. Vous avez le sentiment qu'elle ne vous comprend plus. Au plus profond de vous-même, vous vous sentez pris(e) dans un paradoxe : vous avez besoin d'ailes et... d'elle, d'air et... de racines.
Que faire ? Vous allez devoir inventer un nouveau mode d'échanges... entre adultes !

ELLE VOUS A PORTÉ

UN FŒTUS !

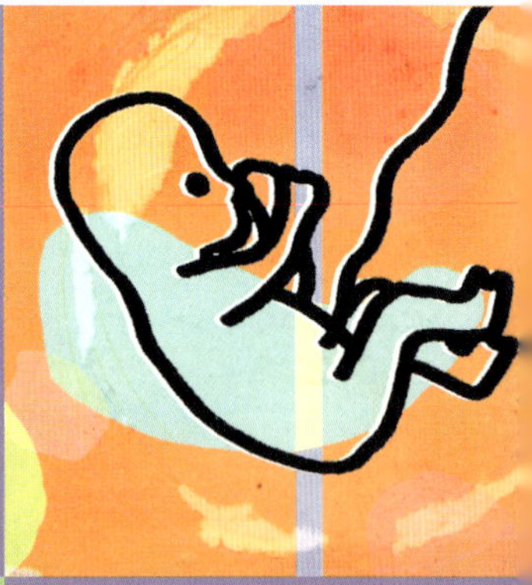

IL BOUGE

UN LIEN
TRÈS FORT

DANS SON CORPS

ELLE EXISTAIT AVANT VOUS !

MAMAN, JE T'ENTENDS

J'ARRIVE

ELLE EXISTAIT AVANT VOUS !

Pendant plus de vingt ans, elle ne savait pas que ce serait vous, son fils ou sa fille, ni que ce serait avec votre père qu'elle deviendrait mère… Bien sûr, elle imaginait sans doute qu'elle serait parent un jour, mais le bébé qu'elle berçait dans ses pensées, ce n'était pas vous, c'était ce que les psy (-chologues, -chiatres, -chanalystes) appellent l'enfant imaginaire.

Cet enfant, elle l'a créé dans sa tête, à partir de sa propre expérience de petite fille, à partir des relations qu'elle a eues avec ses parents. Plus qu'un visage, elle se représentait sa relation avec lui. Une relation idéale, harmonieuse, épanouissante, heureuse, fondée sur l'amour, sur l'écoute et sur le partage. Une relation où elle réparait aussi ce qu'elle avait vécu de difficile avec ses propres parents.

Peut-être que vous-même, vous vous rêvez parfois papa ou maman. De manière floue, imprécise mais, instinctivement, vous savez ce que vous aimeriez vivre avec un petit.

Cet enfant fantasmatique était donc dans un coin de la tête de votre mère, mais ce n'est pas pour autant que la maternité était une priorité pour elle. Il y a eu toute une longue période où elle avait d'autres centres d'intérêt : ses études, ses amis, des voyages, des super-projets, des passions… Comme vous aujourd'hui, elle avait des doutes existentiels : qui suis-je? Où vais-je? Sur quelle étagère ai-je posé mes mouchoirs? Qu'est-ce que je vais bien pouvoir faire de ma vie?

Elle a traversé des moments d'euphorie, d'enthousiasme, de doute, d'ennui, de désespoir (elle pleurait alors le soir, dans son lit). Elle avait également le sentiment de vivre moins bien que tout le monde et que tous les autres s'y prenaient mieux qu'elle pour mener leur barque. Bref, elle a existé avant vous, sans vous, et il y a eu toute une période de son existence où elle n'a été la mère de personne…

ILS EXISTAIENT AVANT VOUS !

Puis, un jour, elle a rencontré un homme et elle a choisi d'avoir un enfant avec lui : vous. Ce fut pour elle un choix mûri, réfléchi, délibéré : « Je veux un enfant. » Ou alors une décision qu'elle a prise dans l'urgence : « Je garde l'enfant. » Quoi qu'il en soit, vous faites partie d'une génération où les grossesses non désirées sont rares. Effectivement, elle avait à sa disposition des moyens de contraception et, solution ultime, la possibilité de se faire avorter. Si vous êtes là aujourd'hui en train de lire cet ouvrage, c'est que, consciemment ou inconsciemment, elle vous a voulu(e).

Et elle ne vous a pas conçu(e) avec n'importe qui, mais avec cet homme-là, votre père. Tous les deux se sont désirés et ils se sont sans doute aimés. Leur histoire d'amour a duré quelques heures, quelques jours, quelques mois, quelques années, quelques décennies et dure encore… et votre existence est le témoin vivant de cette union.
Ainsi, ensemble ou… elle toute seule, ils vous ont ou elle vous a inscrit(e) dans l'histoire de l'humanité : vous avez pour toujours un nom de famille, un patrimoine génétique et vous faites partie d'une généalogie, d'une chaîne symbolique.

IMAGINEZ-VOUS EN FŒTUS !

Il y a ..... années (à vous de compléter), vous étiez donc dans son ventre. Selon votre histoire, cette femme est, ou n'est pas, ou n'est plus, celle qui vous élève et auprès de laquelle vous vivez aujourd'hui.
Quoi qu'il en soit, vous êtes resté(e) *in utero*, c'est-à-dire dans son utérus, pendant quarante-deux semaines, ou un peu moins si vous êtes né(e) prématurément.
Quoi qu'il soit encore, vous avez vécu neuf mois très particuliers ensemble. Vous en elle. Et elle qui vous portait.
Au début, tout au début, vous n'étiez que deux cellules, l'une provenant de votre mère, l'autre provenant de votre père. Dites-vous que votre aventure commence là !

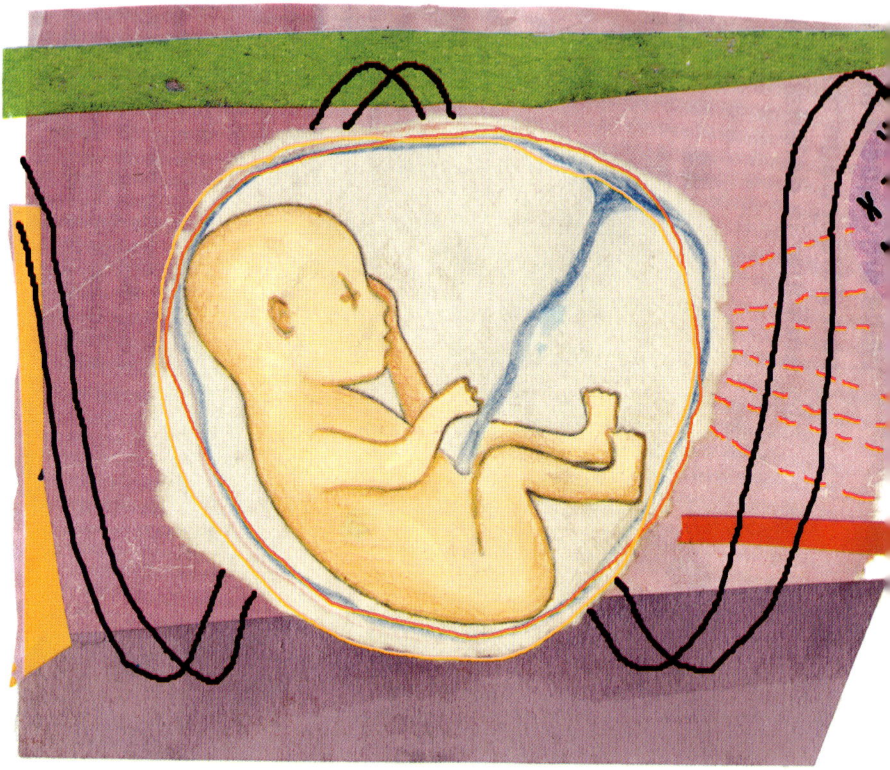

Ces deux cellules porteuses chacune d'ADN unique ont déterminé beaucoup de choses en vous : la couleur de vos yeux, de votre peau, de vos cheveux, votre taille, la forme de votre visage, vos fragilités ou vos forces physiques…

Vous n'êtes resté(e) deux cellules que quelques secondes. Très rapidement, vous en êtes devenu(e) quatre, huit, seize, trente-deux, soixante-quatre… Celles-ci n'ont cessé de se diviser et de se structurer. Lentement, méthodiquement, vous avez pris forme humaine. Votre corps s'est développé et a commencé à bouger. Vos organes se sont constitués et se sont mis à fonctionner.

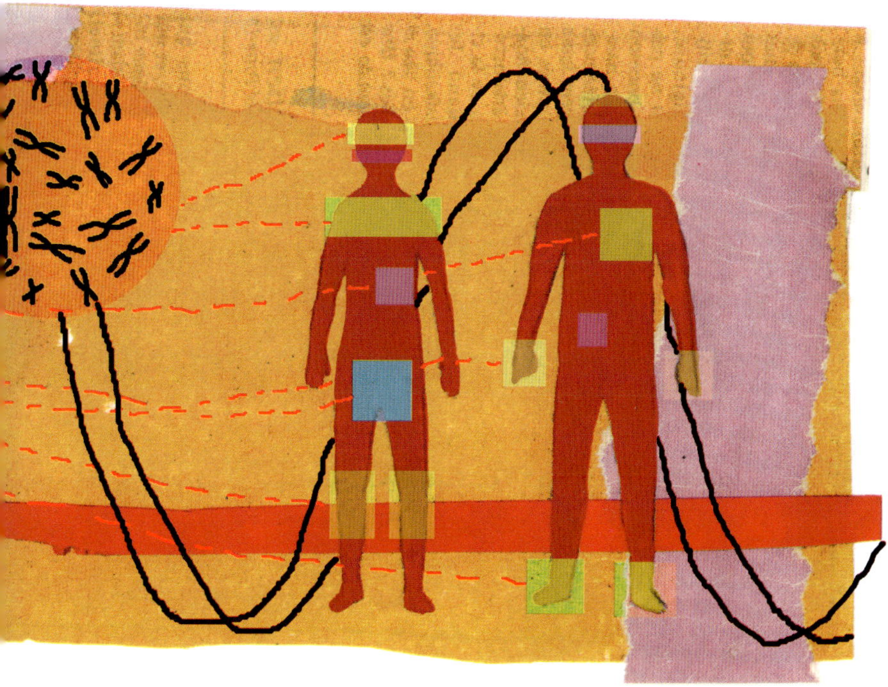

L'oxygène et les éléments dont vous aviez besoin pour votre croissance (glucides, protides, lipides, sels minéraux...) vous étaient apportés par le sang artériel de votre mère.

Par l'intermédiaire d'échanges complexes, cette « nourriture » était captée par le placenta et acheminée jusqu'à vous par le cordon ombilical. De la même manière, vos « déchets » suivaient le parcours inverse et étaient éliminés par le système veineux de votre maman.

Pourquoi vous raconter tout ça ? Pour que vous puissiez mieux vous imaginer en fœtus. Pour que vous vous représentiez mieux le tout début de votre vie, période dont vous ne gardez aucun souvenir conscient.

VOUS SENTIEZ VOTRE MÈRE

Fœtus, vous n'étiez pas indifférent(e) à tout ce que vivait votre mère. Au contraire !

Il serait trop fastidieux de revoir semaine par semaine tout ce qui vous est arrivé in utero. En revanche, voici quelques éléments, quelques anecdotes observés par des chercheurs qui devraient vous éclairer sur votre existence avant votre naissance.

Maman, qu'est-ce que tu as ?

Quand votre mère était stressée, votre rythme cardiaque s'accélérait. Si elle fumait, se droguait ou prenait des tranquillisants, votre cœur ralentissait.

Maman, je t'entends digérer !

À 20 semaines, vous entendiez tout. Bien sûr, les sons vous parvenaient atténués. Vous étiez particulièrement sensible à la voix de votre mère. Vous la perceviez doublement : par vibrations intérieures et par l'extérieur, et vous réagissiez en tétant plus fort. Évidemment, dans votre environnement sonore s'inscrivaient d'autres éléments : les glouglous de sa digestion, le ronron de sa respiration, le tap-tap de son pouls…

Maman, j'entends tes CD !

Vous étiez aussi très réceptif(ve) aux sons graves : on a remarqué, par exemple, que, si une mère écoute *Pierre et le Loup* régulièrement, son fœtus réagit (il bouge) à la partie instrumentale interprétée par les bassons. On a constaté aussi qu'une fois né, l'enfant manifeste du plaisir (il sourit, gazouille) quand il réécoute ce même extrait musical.

Autre anecdote qui prouve que les enfants dans le ventre de leur mère s'habituent aux bruits : les bébés qui vivent près de l'aéroport d'Osaka (Japon) ne pleurent pas et ne se réveillent pas quand les avions décollent si, et seulement si, quand ils étaient fœtus, ils se sont habitués à entendre régulièrement le vrombissement des réacteurs.

Maman, tu me chatouilles !

À 30 semaines, la sensibilité de votre peau vous permettait de sentir qu'on la touchait. Lorsque votre mère vous caressait à travers sa peau, vous le sentiez.

Maman, c'est bon ce que tu manges !

Si, en fin de grossesse, votre mère mangeait régulièrement de l'aïoli, des asperges ou d'autres mets au goût prononcé, le bébé que vous étiez a probablement apprécié ces aliments. À l'inverse, vos copains non initiés ont fait la grimace.

Maman, je sens ce que tu respires !

Des expériences ont montré que, lorsqu'une femme enceinte est écœurée par une odeur ou, au contraire, l'apprécie, le rythme cardiaque de son bébé est modifié.

Bref, vous sentiez votre mère. Vous perceviez ses humeurs, ses déplacements, son environnement…

VOTRE MÈRE VOUS SENTAIT

De son côté, votre mère n'était pas indifférente à ce que vous viviez dans son ventre. Elle y était même, sans doute, très attentive, et elle parlait de ses sensations à votre père ou à ses proches.

« Il bouge ! »

Dès le quatrième mois, elle percevait vos mouvements dans son ventre, c'est ce que l'on appelle les mouvements actifs fœtaux (MAF), ceux que le gynécologue surveille et qui sont un signe de vitalité du bébé.

C'est à trente-deux semaines de grossesse qu'elle vous sentait bouger le mieux : vous n'étiez pas encore trop gros(se) et vous pouviez vous déplacer facilement dans le liquide amniotique. Et hop! je me retourne! Et zou! encore une cabriole!

Lorsqu'elle était allongée, son ventre se détendait et, tout naturellement, vous en profitiez pour faire un peu de sport. Et un, et deux, et trois ! Entre 21 heures et 1 heure du matin, vous vous en donniez à cœur joie pour tester vos jeunes membres.

Spontanément, elle posait la main sur son ventre et elle cherchait à deviner dans quelle position vous étiez, si ce qu'elle sentait sous sa paume était votre talon ou votre coude…

C'était aussi un moment privilégié entre vous et elle. Elle vous parlait tout doucement, tendrement et souriait, heureuse, de vous savoir là en son sein.

« Je le vois ! »

Deux fois pendant la grossesse, elle vous a vu(e)! À quatre mois et à sept mois. Ces rendez-vous chez l'échographiste étaient doublement importants pour elle. Premièrement, il s'agissait de vérifier si votre corps se développait sans malformations. Car, comme beaucoup de mamans, elle a craint d'attendre un enfant en mauvaise santé.

Deuxièmement, elle voulait vous « voir », vous deviner. Fille ou garçon? Grand ou petit? Gros ou maigre? Les mains? Le profil?

De retour à la maison ou à son travail, elle était toujours heureuse de raconter : « Elle suce son pouce! », « Il joue avec son placenta! », « Elle mesure tant! », « Il pèse tant! »...

Porter un enfant sain lui a procuré un grand sentiment de fierté et lui a donné confiance en elle.

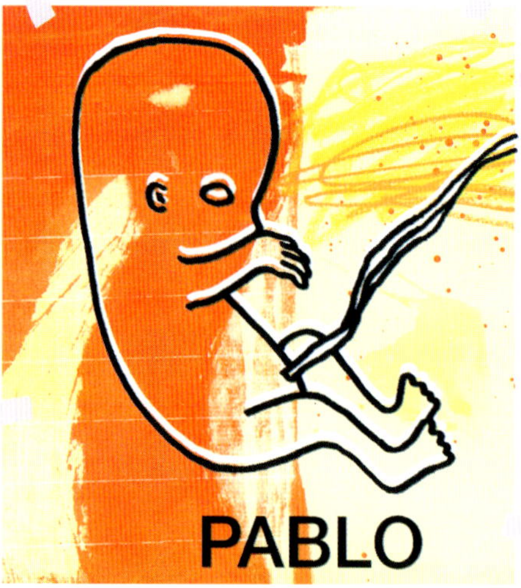

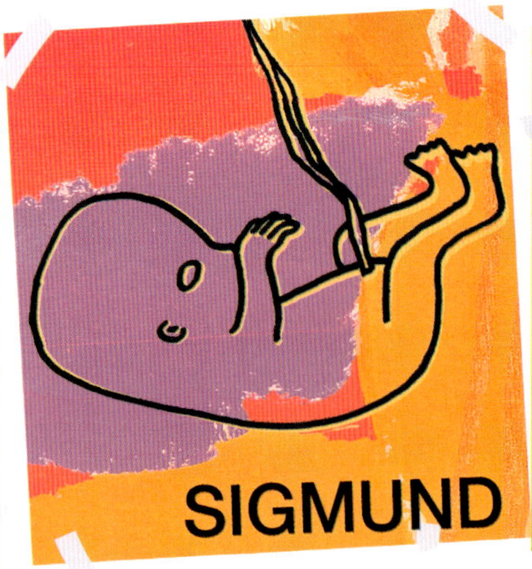

« Je te prénomme »

Pendant qu'ils vous attendaient, vos parents vous ont choisi un prénom, à moins que votre mère ne s'en soit occupée seule. Ils ont sélectionné un prénom qu'ils aimaient tous deux, un prénom qui avait du sens pour eux.

Peut-être l'ont-ils emprunté à quelqu'un qu'ils connaissaient, qu'ils aimaient ou qu'ils admiraient : un membre de votre famille, un de vos proches, une vedette du moment… Peut-être l'ont-ils retenu en raison de sa signification profonde : Lucie pour la lumière, Pierre pour la robustesse… Peut-être l'ont-ils simplement choisi pour son originalité, sa musicalité…

Peu importe, mais votre prénom n'est pas anodin, il est chargé d'intentions de leur part, et vous allez le porter toute votre vie.

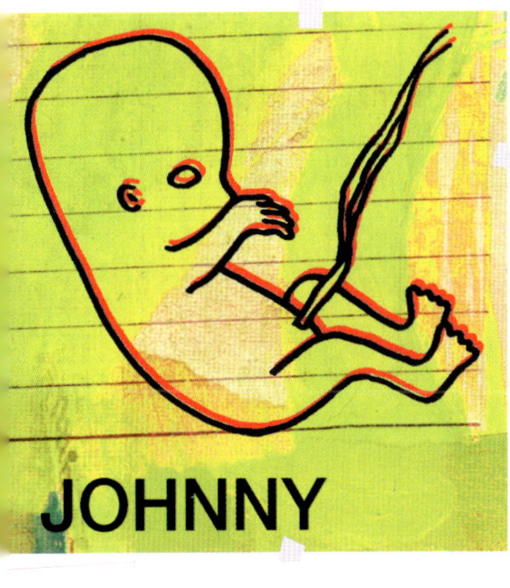

« J'ARRIVE ! »

Un beau jour, vous avez eu envie de sortir ou le médecin a décidé que l'heure était venue pour vous de déménager.

L'accouchement ne fut peut-être pas un moment de rigolade, ni pour elle ni pour vous. Chaque contraction lui tourmentait le ventre et vous pétrissait le corps. Chaque poussée l'épuisait et vous emmenait un peu plus vers la sortie. La tête, les épaules… et vous voilà dehors, encore tout enveloppé(e) de liquide amniotique !

Vous criez, car l'air que vous respirez gonfle pour la première fois vos poumons. Pour la première fois, vous venez de passer du milieu liquide au milieu aérien. Elle, elle vous tend les bras et regarde dans l'ordre : votre tête, puis votre sexe. Cet instant est intense. Vous ne vous en souvenez pas, mais elle, elle en gardera des images et des souvenirs puissants. C'est votre première rencontre. Elle peut enfin vous voir, vous toucher, vous embrasser.

Elle vous prend comme vous êtes, c'est-à-dire un peu flapi(e) et un peu perdu(e) ! Vous, votre seul point de repère dans cette tourmente, c'est son odeur, son contact et sa voix que vous reconnaissez. Ça tombe bien, on vous pose sur sa poitrine et vous la retrouvez enfin. Elle vous caresse le dos, elle vous parle, elle vous serre contre elle. Vous vous sentez en sécurité et vous cherchez désespérément son sein avec votre bouche. Vous êtes animé(e) de cet instinct de survie, vous avez ce réflexe dit de fouissement : vous voulez téter et manger.

CETTE CICATRICE QUI VOUS LIE

À peine le temps pour vous de souffler et éventuellement de téter un peu, et voilà qu'on vient déjà vous embêter. Quelqu'un vous retourne. C'est l'heure de couper votre cordon ombilical, ce lien qui vous relie au placenta, ce fil de chair composé d'une veine et d'une artère qui vous a permis pendant neuf mois de grandir et de vous développer.

Le professionnel présent (obstétricien ou sage-femme) a sans doute proposé à votre père, s'il était là, ou à votre maman de réaliser ce geste hautement symbolique, celui de vous donner votre première indépendance.

Voici un second souvenir inoubliable pour vos parents : cette main qui manie en tremblant les ciseaux de l'hôpital et, ce faisant, qui vous décore de votre première cicatrice, le nombril.

Ce nombril, vous le garderez toute votre vie. Il est le témoin de vos origines biologiques.

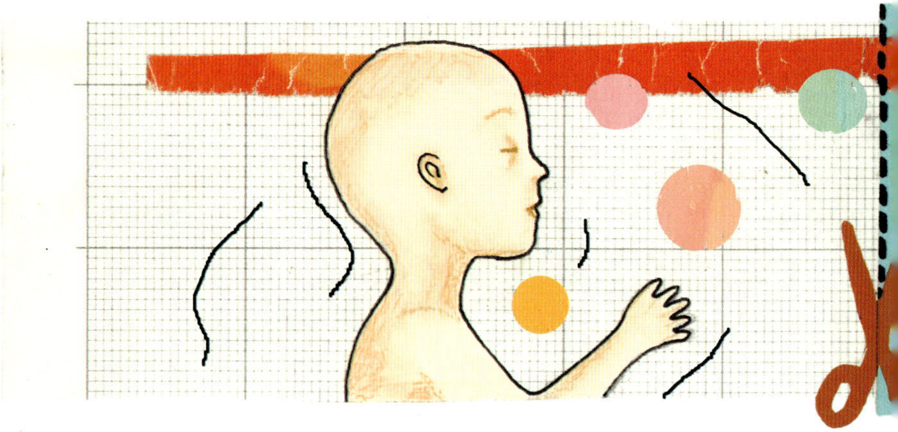

VOTRE HISTOIRE

Aussitôt né(e), vous avez déjà une histoire bien à vous qui rend votre relation unique avec votre père et votre mère.

Bien sûr, votre maman est aussi celle de vos frères et de vos sœurs, mais chacun d'entre vous est arrivé à un moment différent de sa vie et de la vie de son couple. Vous a-t-elle désiré(e)? Vous a-t-elle longtemps espéré(e)? Dans quel contexte matériel et psychologique vous êtes-vous annoncé(e)? Comment se sont déroulées sa grossesse et votre naissance? Petit nourrisson que vous êtes, vous avez déjà votre propre tempérament (vous dormez beaucoup, vous mangez peu, vous pleurez quand vous digérez...).
Tout cela fait que le lien à votre mère est nécessairement original et ne ressemble à aucun autre.

AVANT, ELLE ET VOUS

ŒDIPE

« MAMAN, J'AIME PAPA ! »

ELLE VOUS DIT : « À BIENTÔT »

ÉTIEZ TRÈS PROCHES

UNE RELATION
FUSIONNELLE

« MAMAN,
JE T'AIME ! »

VOUS LUI DITES :
« À BIENTÔT »

UNE RELATION FUSIONNELLE

Vous êtes né(e) et... vous ne savez rien faire tout seul! Ou, pour dire les choses autrement, vous n'êtes pas autonome.

Vous avez besoin de quelqu'un pour vous rassurer, vous nourrir, vous laver, vous habiller, vous soigner... Plusieurs personnes vont de temps en temps s'occuper de vous (votre père, vos grands-parents, éventuellement une nounou et vos frères et sœurs), mais c'est avec votre maman que vous allez entretenir une relation privilégiée. Ce sera probablement auprès d'elle que vous vous sentirez le plus en confiance et en sécurité. Normal, vous la connaissez depuis toujours. Sa voix, son odeur sont vos premiers repères.

De son côté, ce qu'on appelle l'instinct maternel s'est éveillé en elle. Elle se sent liée à vous très, très fort. Par le cœur, par la tête et par les tripes. Elle peut passer des heures entières, sans bouger, à vous regarder. Ça la bouleverse. Ça l'émeut profondément. Tour à tour, elle essuie une larme, elle sourit, elle rit, elle se pince les lèvres... Oui, ce petit bébé qui dort dans ses bras (vous), c'est elle qui l'a fait. Pour un peu, elle vous réveillerait pour vous couvrir de baisers. Elle est entièrement réceptive à vos besoins quotidiens et elle est tout à vous : prête à vous allaiter ou à vous proposer un biberon si vous avez faim, prête à vous bercer et à vous apaiser si vous êtes nerveux(se)...

Ces situations concrètes sont, pour vous deux, autant d'occasions de faire connaissance, de prendre des habitudes, de partager des moments de plaisir et de déplaisir, de se tester, de se découvrir. Bref, votre rythme est devenu le sien, et elle est là auprès de vous dans un état de sensibilité extrême et aussi de grande fatigue physique. Ce débordement émotionnel la dépasse un peu et elle a peur de ne pas être à la hauteur, de ne pas être une bonne mère. Certains de vos pleurs l'angoissent.

Qu'est-ce que vous avez? Elle panique vite, encore plus vite si vous êtes son premier enfant. Et si vous mouriez, là, tout de suite? Elle ne s'en relèverait pas. Vous aussi, vous êtes particulièrement sensible à ses états d'âme. Telle une éponge, vous avez tendance à vous imprégner de ses humeurs : si vous la sentez anxieuse, vous dormez moins bien; si vous la sentez nerveuse, il se peut que vous mangiez moins ou que vous régurgitiez.

Et votre père dans tout cela? Au fil des semaines, il prend doucement sa place. Vous le reconnaissez de mieux en mieux et vous acceptez qu'il s'immisce dans votre tête-à-tête avec votre mère. La place qu'il prend, de plus en plus importante, entre votre

mère et vous, à côté de vous, vous permet d'enrichir vos jeux relationnels et de vous ouvrir aux autres et au monde. Non, il n'y a pas que votre maman dans la vie ! Il rappelle aussi à votre mère le message suivant : non, il n'y a pas que le bébé dans son existence !

Néanmoins, la période de grande proximité avec votre mère va durer quelques mois encore, voire plusieurs années. Dès que vous vous trouvez dans une situation délicate (un inconnu qui vous parle, un chien qui aboie, une chute...), c'est elle que vous appelez en premier : « Maman ! » et c'est vers elle que vous vous tournez. De la même façon, vous pleurez quand elle s'absente.

SON REGARD « NARCISSISANT »

Au fil du temps, vous gagnez en autonomie sous l'œil bienveillant de vos parents, et tout particulièrement de votre mère. Vous savez maintenant vous tenir assis(e), manger tout(e) seul(e) à la cuillère, marcher, monter les escaliers, les descendre, vous échapper dans la rue, faire pipi et caca dans le pot… Vous parlez en écorchant un mot sur deux, et ça la fait rire. Et vous aimez ça, la faire rire. Votre maman applaudit et vous encourage. Vous êtes content(e) de vos exploits et, elle, elle est fière de vous.

Vous ne le savez pas, mais son regard sur vous est fondamental. Symboliquement, il vous transmet une

information très importante : il vous dit que vous êtes digne d'amour et que vous êtes un être unique. Grâce à lui, vous allez pouvoir vous « narcissiser », c'est-à-dire prendre conscience de vous-même et vous aimer.
Ça n'a l'air de rien, mais cette étape est constitutive de votre développement : elle conditionne en partie votre relation à vous-même et aux autres.

« MAMAN, J'AI UN ZIZI ! », « MAMAN, J'AI UNE ZÉZETTE ! »

À partir de 2 à 3 ans, vous entrez dans la phase dite œdipienne. Grande découverte, vous vous apercevez qu'il existe deux modèles sexués d'individus distincts : les papas et les mamans.
Il ne vous faut pas trop de temps pour repérer dans quel groupe vous vous situez. (C'est le début de la construction de l'identité sexuelle.)
Il ne vous faut pas non plus énormément de temps pour que vous compreniez, et cela tout à fait inconsciemment, qu'il se passe des « choses » qui vous dépassent entre la première catégorie et la seconde : entre les papas et les mamans. Ces choses, vous le pressentez, ont à voir avec le zizi et la zézette des grands.
Et vous, alors? Eh bien, vous ressentez une grande envie de vous rapprocher du parent qui possède le sexe opposé au vôtre. Vous éprouvez pour lui du désir sexuel au sens large du terme.

« MAMAN, JE T'AIME ! »

Vous êtes un garçon et vous êtes « amoureux » de votre maman. Le problème, c'est votre père. Tout en l'aimant, vous éprouvez à son égard une certaine jalousie et de la rivalité. Une seule et unique question vous tarabuste : comment faire pour lui piquer sa place?

Vous l'avez déjà trucidé en jouant avec votre pistolet en plastique, mais ça ne suffit pas : il est toujours là, debout, à rôder autour de votre maman. Vous essayez une ruse : l'insomnie. La nuit, vous débarquez dans le lit de vos parents et vous vous installez confortablement... contre votre maman. Vous prenez vos aises et vous attendez avec angoisse ce qui va se passer. Va-t-on vous ramener, gentiment mais fermement, dans votre lit? Ou bien votre père, fatigué et plein d'empathie pour son pauvre fiston,

va-t-il aller dormir ailleurs? Hélas! Trois fois hélas! C'est la première solution qu'ils choisissent. Et v'lan, vous voilà dans les bras de votre... papa dans le couloir entre votre chambre et la leur. Il vous explique d'une voix pâteuse qu'il ne vous reste plus qu'à compter les moutons sous VOTRE couette, c'est-à-dire à VOTRE place.

Moralité de l'histoire : la sienne, il se la garde, et ce n'est pas un morpion comme vous qui allez la lui prendre! Non, mais!

Bon, vous l'embrassez quand même parce que vous n'êtes pas rancunier et qu'au fond vous l'aimez beaucoup, beaucoup, votre papounet. Et puis d'abord, n'est-il pas un homme bien puisqu'il a choisi votre mère comme compagne de vie? Il ne vous reste plus qu'à imaginer un troupeau de brebis qui trotte sur votre tapis et à trouver le sommeil.

Cette période œdipienne prend fin vers 6 ou 7 ans, lorsque vous renoncez purement et simplement à l'idée d'être l'amoureux de votre mère et que vous acceptez cette douloureuse réalité : la place auprès d'elle est déjà prise. « Pas grave, finissez-vous par vous dire. Moi aussi, quand je serai grand, je deviendrai un homme, un amoureux et un papa! »

Il s'agit probablement là de sentiments et d'émotions dont vous ne vous souvenez pas, mais que vous avez ressentis plus ou moins intensément : demandez à vos parents de vous raconter.

« MAMAN, J'AIME PAPA ! »

Vous êtes une fille et vous êtes « amoureuse » de votre papa. Cela n'est pas sans vous poser un problème de conscience : avant, vous étiez attachée fort, fort, fort à votre... maman.

Vous la délaissez donc pour vous tourner vers votre père et, surtout, vous cherchez à l'évincer. Elle était votre complice, vous la considérez maintenant comme une rivale! Attention, tous les coups sont permis!

Pendant un repas de famille, devant pépé et mémé, vous annoncez sans sourciller : « Papa et moi, on va se marier! » Éclat de rire général. Vous le prenez mal, mais, qu'à cela ne tienne, vous avez de multiples occasions de témoigner votre amour.

Une partie de cartes? Vous faites équipe avec... votre papa. Une journée bricolage? Vous lui passez les outils! Il est assis, hop! vous vous installez à califourchon sur lui. Un trajet en voiture, vous vous asseyez devant, à côté de lui, et vous hurlez quand votre mère vous demande de déguerpir. Au passage, vous lui donnez un petit coup de pied dans les tibias, mais vous le regrettez immédiatement : au fond de votre cœur, vous savez que vous l'aimez quand même vraiment fort, votre mamounette!

Cette période œdipienne prend fin vers 6 ou 7 ans, lorsque vous renoncez purement et simplement à l'idée d'être l'amoureuse de votre père et que vous acceptez cette douloureuse réalité : la place auprès de lui est déjà prise. « Pas grave, finissez-vous par vous dire. Moi aussi, quand je serai grande, je serai une femme, une amoureuse et une maman ! »

ELLE VOUS DIT : « À BIENTÔT »

Pendant les six premières années de votre vie, votre mère, si proche, va néanmoins s'attacher à vous rendre de plus en plus autonome. Physiquement, matériellement et psychologiquement.
Elle va le faire justement parce qu'elle vous aime et parce qu'elle sait qu'elle ne vous a pas mis(e) au monde pour vous garder toujours auprès d'elle. Cela ne serait pas très sain, ni très équilibrant pour vous. Elle va le faire aussi parce que son travail ou les contraintes de la vie vont l'y obliger.
Ainsi, au fil du temps, elle vous pense de plus en plus capable de supporter son absence, d'abord quelques heures, puis un jour complet, deux, une semaine, deux... Et elle a raison d'avoir confiance en vous : malgré vos réticences, vous réussissez de plus en plus facilement à vous séparer d'elle pour aller à la garderie, à l'école, à la cantine, pour passer des week-ends chez vos grands-parents... Vous pensez à elle et vous savez qu'elle pense à vous et que vous allez la retrouver à telle heure, à telle date. Cela vous aide.

VOUS LUI DITES : « À BIENTÔT »

Progressivement, vos expériences extrafamiliales vous permettent de vous socialiser, de goûter aux plaisirs de communiquer avec d'autres enfants et de découvrir d'autres horizons. Finalement, vous êtes content(e) de quitter votre mère pour retrouver vos copains de classe, vos voisins ou votre club de sport !

Un jour, vous avez environ 10 ans, c'est vous qui la pensez capable de supporter votre absence, et vous lui demandez à sortir davantage et à participer à des activités qui vous intéressent : un match, une compétition, une fête, un stage, un camp, une journée à thème... Votre univers s'agrandit et vous vous éloignez de façon douce et maîtrisée de votre maman. Elle sait où vous êtes, avec qui vous êtes, ce que vous faites. Elle vous permet de partir... et vous, vous vous autorisez à tomber dans ses bras lorsque vous la retrouvez !

Comme c'est bon d'aller visiter le vaste monde et de retrouver ensuite son port d'attache ! Vous vous sentez fort(e) de la confiance et de l'amour que votre mère vous porte. Pour certains d'entre vous, la conquête de l'autonomie se passe de manière moins naturelle parce qu'ils ont une mère poule qui ne les lâche pas d'une semelle ! Si vous êtes dans ce cas et que vous en souffrez, vous allez devoir apprendre à votre mère à vous laisser respirer tout(e) seul(e).

VOUS VOUS COMPR

PLUS RIEN
N'EST SIMPLE

COMME
ELLE

CONTRE
ELLE

ENEZ MOINS BIEN

VOUS CHANGEZ

BESOIN D'ELLE

TU M'AIMES ENCORE ?

C'EST MOINS SIMPLE QU'AVANT

Depuis quelque temps, vous avez le sentiment diffus que rien ne va plus et qu'entre votre mère et vous quelque chose a changé. Vous ne sauriez dire quoi précisément, et encore moins pourquoi. Mais vous le constatez : votre relation à elle vous paraît moins évidente, moins facile, moins simple, en un mot, moins proche…

Un exemple? Ses câlins. Hier, vous les savouriez, vous alliez même vous blottir contre elle pour vous faire dorloter. Aujourd'hui, sa main dans vos cheveux, ses bonjours pleins de tendresse lorsque vous rentrez du collège vous irritent, et vous cherchez à les éviter. Vous retirez votre tête, vous vous dégagez de ses bras.

Un autre exemple? Toutes ses questions : t'as passé une bonne après-midi? T'as eu des contrôles? Ça va mieux avec ton copain Clément? Qu'est-ce que tu as mangé à midi?... Hier, vous racontiez volontiers vos journées, vos petits soucis, ces petits riens qui faisaient votre vie quotidienne ou ces grandes choses qui vous préoccupaient. Aujourd'hui, sa curiosité vous énerve. Vous répondez à demi-mot ou vous l'envoyez carrément balader, estimant que tout cela ne la regarde pas.

Que se passe-t-il donc? Vous avez grandi, et l'adolescence apporte des changements physiques, psychologiques, sociaux qui modifient votre place dans la famille. Votre mère devient la mère d'un enfant... au corps presque adulte!

VOTRE CORPS SE TRANSFORME

Vous le sentez, vous le constatez chaque jour dans le miroir : votre corps d'enfant est en train de se transformer en corps d'adulte. Pas de panique, tout cela est tout à fait normal et, pour tout dire, inévitable. Si vous êtes pressé(e) de grandir, il faut laisser à votre corps le temps dont il a besoin pour mûrir. Si vous aviez envie de rester un(e) enfant : eh bien, c'est raté et... impossible! Vos organes sexuels en ont décidé autrement. Car ce sont bien eux qui sèment la zizanie dans votre petite personne en ce moment même. Vos ovaires, si vous êtes une fille, et vos testicules, si vous êtes un garçon, sont devenus matures, et ils se mettent à

produire des hormones en grande quantité. Pour être tout à fait précis, ce sont ces hormones (appelées progestérone et œstrogènes chez les filles ; testostérone et androgènes chez les garçons) qui sont responsables du grand chamboulement physique que vous vivez actuellement.

Ces hormones circulent désormais dans votre sang et voilà que :

– Vous grandissez comme jamais. On a vu certains d'entre vous prendre plus de 15 cm en un an ! Soit plus de 1 cm par mois ! C'est beaucoup.

– Certaines parties de votre corps deviennent poilues : votre sexe, vos aisselles. Le torse et le visage chez les garçons.

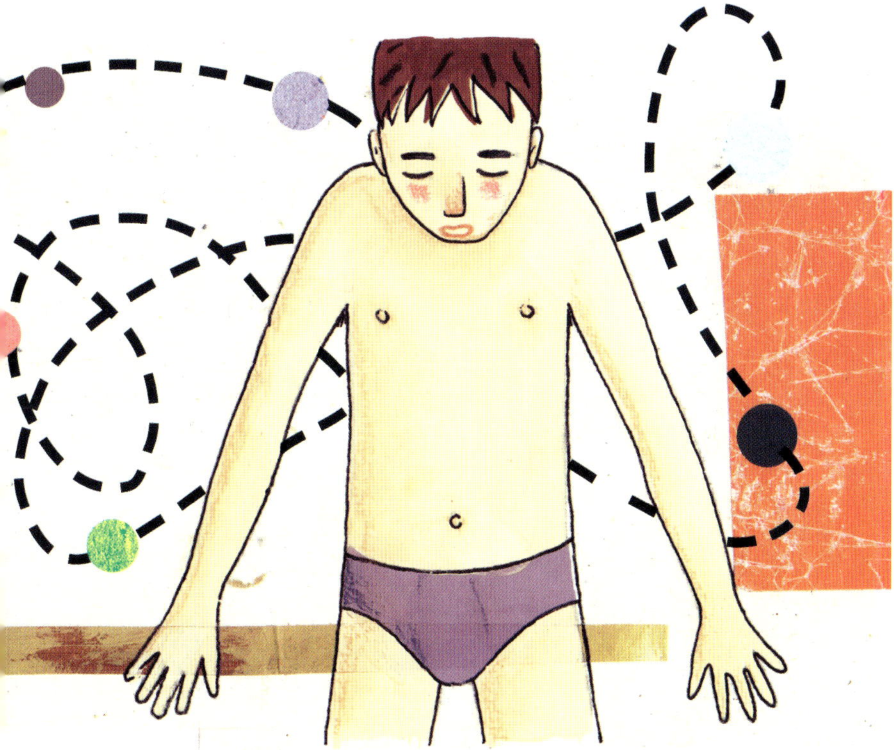

– Vous, les filles, vos seins prennent du volume et vos règles apparaissent, d'abord de manière anarchique, puis régulièrement.
– Vous, les garçons, votre voix mue et vous avez l'impression que votre sexe se réveille ! Vous avez des érections de plus en plus fréquentes avec, phénomène nouveau, des éjaculations.
Vous devenez des hommes et des femmes, c'est-à-dire des individus adultes capables d'avoir des enfants, prêts à être père ou mère… Et votre apparence de futur(e) adulte perturbe peu à peu la relation physique que vous aviez jusqu'alors avec votre mère. Une pudeur s'installe entre vous. Vos seins naissants, votre barbe duveteuse peuvent rendre

vos câlins moins innocents, plus ambigus. En tout cas, moins faciles et moins spontanés. Cette retenue a sans doute à voir, dans votre inconscient et dans celui de votre mère, avec l'interdit social très fort de l'inceste.

Autre constat : un décalage apparaît souvent aussi entre le rôle encadrant et protecteur de votre mère et votre apparence physique. Effectivement, l'enfant à qui elle demande : « As-tu fini tous tes devoirs? » est un jeune homme ou une jeune fille plus grand(e) qu'elle!

CETTE ÉMOTION NOMMÉE DÉSIR

Ce corps nouveau est désormais le vôtre. Vous allez devoir l'apprivoiser et le découvrir. La plus grande surprise qu'il vous réserve est sans doute une émotion que vous n'avez jamais perçue consciemment auparavant et qui s'appelle désir. Effectivement, vous ne regardez plus les hommes et les femmes que vous croisez de la même manière. Il y a maintenant entre vous une ambiguïté possible : vous êtes séduit(e), vous ressentez un trouble particulier, car vous êtes maintenant capable d'avoir des relations sexuelles.

Fort heureusement, vous n'allez pas ressentir du désir pour tout le monde! Certaines personnes, allez savoir pourquoi elles plutôt que d'autres, produisent sur vous un effet puissant et immédiat. Vous vous sentez attiré(e) sexuellement, physiquement.

Vous allez trouver ces émotions dites pulsionnelles à la fois agréables et déstabilisantes. Elles vous plongent dans un océan de questions et de doutes : qu'est-ce que j'ose faire? Qu'est-ce que je sais faire? Que dois-je faire? Est-ce que ça s'est vu? Étais-je ridicule? Ai-je rougi?...

Vous êtes maintenant capable de ressentir du désir et vous êtes aussi désirable, vous le percevez bien dans le regard des autres. Votre corps a changé et, que ce soient vos proches ou des inconnus, on ne vous voit plus de la même façon. Les autres, par leurs réflexions, leur attitude, vous font comprendre que vous n'êtes plus un enfant.

Cela aussi vous trouble énormément et fait monter en vous des sentiments paradoxaux : de la fierté, du plaisir, de la satisfaction, mais aussi de la peur, de la panique, de la gêne, de l'angoisse...

Face à ce nouvel univers que sont les relations de séduction entre un homme et une femme, vous vous sentez maladroit(e), démuni(e) et... attiré(e). Bref, vous ne savez pas vraiment comment vivre avec votre nouveau corps, et c'est normal.

Pour votre mère, votre maturité sexuelle signifie qu'elle va devoir progressivement faire le deuil de la proximité physique qu'elle a avec vous. Pour vous, la donne est différente : vous allez compenser le fait que vous vous éloignez physiquement de votre mère en vous rapprochant d'autres hommes et d'autres femmes.

Vous allez ainsi, l'une et l'autre, prendre vos distances. L'opération n'est pas toujours facile et nécessite une période plus ou moins longue de rodage et d'ajustement. C'est parfois un drôle de ballet entre vous ! Quand elle essaie de vous parler de vos amours, ça vous irrite. Quand vous lui exprimez spontanément ce que vous ressentez pour un ou une de vos ami(e)s, ses réponses vous énervent

parfois, surtout celles qui commencent par : « Je comprends. Moi aussi, quand j'avais ton âge… »
Vous êtes toutefois assez conscient(e) de ce paradoxe : d'un côté, cette envie de lui parler de vos émotions nouvelles ; de l'autre, cette gêne qui s'impose souvent entre vous.
Pourtant, il y a parfois des moments où vous avez ressenti un soulagement lorsque vous avez pu parler, en tête à tête un après-midi, de la difficulté de savoir ce que vous vouliez vraiment, de vos désirs, de vos peurs…

VOTRE VISION DU MONDE CHANGE…

S'il n'y avait que votre corps qui vous jouait des tours, ça irait. Mais, en plus, les choses se présentent différemment dans votre tête ! Vous ne pensez plus de la même façon, et, surtout, vous ne posez plus le même regard sur vous-même, sur les événements de votre vie et sur les gens qui vous entourent. Grandir vous a donné de la hauteur.

Mûrir a aiguisé votre esprit d'analyse. Séduire et désirer vous ont fait découvrir des jeux psychologiques nouveaux et d'autres modes de relation. Bref, finie votre lecture enfantine et simpliste du monde ! Vous envisagez votre univers de façon plus complexe et plus subtile.

Attention, cela ne veut pas dire que désormais vous pensez bien et juste ! Cela signifie tout simplement que vous réfléchissez davantage, en intégrant des données, des paramètres qui vous échappaient complètement avant.

Penser sa famille

Un exemple classique : si votre père a quitté votre mère, l'enfant que vous étiez a pu penser : « Papa est méchant, maman est gentille. » Comme votre mère disait la même chose et que vous viviez avec elle, ça tombait bien!

Aujourd'hui, avec un peu de recul, vous réajustez votre point de vue : vous réalisez que votre père a aussi des qualités, que votre mère n'est pas parfaite, et que, si la situation entre eux est complexe, vous n'êtes pas tenu(e) de prendre position pour l'un ou pour l'autre. Vous posez ainsi un autre regard sur votre histoire familiale, et votre maturité change le regard que vous portez sur vos parents.

Penser le monde

Par ailleurs, vous vous intéressez de plus en plus à des sujets philosophiques, à des questions de société, à l'actualité… Votre curiosité vous pousse à sortir du cercle familial et à vous ouvrir au monde.

À découvrir d'autres modes de pensée, de vie. À observer les autres et à vous poser mille et une questions philosophiques, politiques, religieuses, éthiques, sociales. Vos centres d'intérêt s'enrichissent, et cette nouvelle ouverture sur le monde vous grise. Quelle bouffée d'oxygène! Quelle remise en question aussi! Vous avez bien du mal à faire le tri entre les diverses informations auxquelles vous avez accès. Lesquelles allez-vous utiliser et mettre à profit? Lesquelles vont vous rapprocher ou vous éloigner de votre mère et de ses idées?

Qui suis-je?

Vous allez aussi et surtout mettre vos nouvelles compétences d'analyse au service de vous-même et tenter de répondre à une question fondamentale : « Qui suis-je? » Qui êtes-vous avec votre nouveau corps? Qui êtes-vous avec votre nouvelle façon de penser? Qui êtes-vous maintenant que vous posez un regard un peu différent sur vos référents de toujours, vos parents?

Honnêtement, vous ne savez plus vraiment qui vous êtes. Vous n'êtes plus un(e) enfant, ça, c'est certain. Vous êtes en quête de l'individu adulte que vous aimeriez devenir. Et cette période de transit et d'errance dure en général plusieurs années.

Votre relation avec votre mère s'enrichit de ces changements, parfois au prix de rudes confrontations d'idées… sur vous, sur elle, sur la famille, sur le monde qui vous entoure.

VOUS RÉINVENTEZ VOS RELATIONS AVEC LES AUTRES

Que de bouleversements, n'est-ce pas? Le corps, la tête, et puis quoi encore? Vos relations! Eh oui, élémentaire, mon cher Watson! Vous ne communiquez plus avec les autres comme avant, pour la simple et bonne raison que vous n'êtes plus le (la) même et que vous ne percevez plus vos interlocuteurs de la même manière qu'auparavant. Vous les comprenez différemment dans votre tête, mais aussi dans vos tripes.

Vos repères ont basculé, et vous voilà face à un défi à la fois stimulant et flippant : réinventer vos rapports aux autres et retrouver une place parmi eux.

En ce moment, au-delà même de la relation avec votre mère et avec votre famille, peu de relations vous satisfont pleinement. Certaines vous semblent bancales, d'autres superficielles...
Même avec vos copains les plus proches, quelque chose a changé. Pourtant, c'est sans doute à travers eux que vous pouvez le mieux, dans un premier temps, comprendre comment vous fonctionnez. Dites-vous d'abord que les camarades de votre âge vivent la même aventure intérieure et identitaire que vous et que, par conséquent, ils communiquent avec autant d'hésitation que vous.
Comme vous, ils ont besoin de définir qui ils sont. Pour cela, comme vous, ils observent les autres parler, vivre, agir, réagir... et font du tri en se disant : « Je vais m'inspirer de tel comportement » ou bien : « Horreur ! je ne veux pour rien au monde être ainsi... » ou « J'ai envie d'être comme lui... » ou « Non ! Je ne veux surtout pas lui ressembler ».
Comme vous, ils expérimentent avec leur mère des périodes de tension, d'incompréhension, d'opposition, et des moments un peu magiques où elle les comprend comme avant, voire mieux qu'avant...
Bref, vos camarades et vous-même êtes à la recherche de modèles. Vous en eux, et eux... en vous. Vous êtes sensible, très sensible au regard que vos pairs posent sur vous... Comme un miroir, ils vous renvoient une image de vous-même qui peut vous plaire, vous étonner ou bien vous blesser. En fonction de ce reflet, vous allez réfléchir et ajuster votre comportement.

Des modèles, vous allez en chercher continuellement et partout : à la télévision, parmi vos professeurs, parmi les adultes qui vous entourent. Il y a cependant un modèle que vous allez devoir dépasser, c'est celui de vos… parents. Tout particulièrement, de votre père si vous êtes un garçon et de votre mère si vous êtes une fille.

VOUS VOYEZ VOTRE MÈRE DIFFÉREMMENT

Vous devinez quel rapport il y a entre votre métamorphose et les relations que vous avez aujourd'hui avec votre mère : vous vous connaissez bien l'un(e) et l'autre, mais vous semblez n'être plus les mêmes tous deux !

Vous, vous avez changé pour de vrai. Vous êtes devenu(e) un(e) jeune adulte.

Elle, elle n'a pas vraiment changé, mais vos nouvelles capacités de perception et d'analyse font que vous la voyez différemment. À vos yeux, elle n'est plus la même. Vous avez une compréhension plus fine et plus subtile de certains de ses comportements, de certaines de ses réactions.

Vous percevez que la réalité est souvent plus complexe que les apparences.

Par exemple, lors des repas de famille, même si elle

se sent obligée de vous dire qu'il ne faut pas contrarier votre grand-père, vous percevez subtilement qu'elle n'est pas entièrement mécontente que vous lui ayez tenu tête en défendant vos idées. Elle prend plaisir à vous voir grandir, à vous voir prendre votre autonomie.

Un autre exemple, qui concerne son travail : son petit côté « Je suis débordée » lorsqu'elle rentre à la maison, vous savez maintenant l'interpréter en « Je suis débordée, mais j'aime cela ! », tant elle a plaisir à vous raconter ses négociations avec ses concurrents… et vous savez maintenant qu'elle ne changera jamais vraiment dans ce domaine-là !

Vous avez l'impression de la découvrir sous un autre jour. Parfois en mieux. Parfois en moins bien.

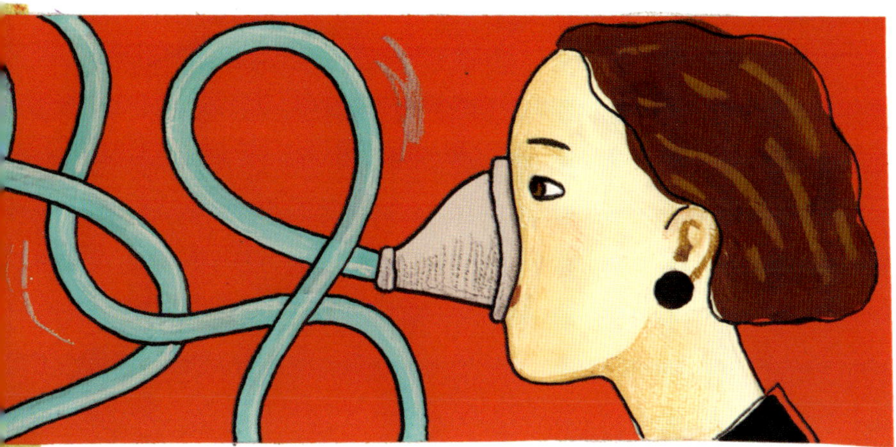

BESOIN D'ELLE ET BESOIN D'AIR

À dire vrai, votre attitude à son égard vous dépasse un peu. Vous vous sentez prisonnier(ère) d'un paradoxe permanent et parfois difficile à vivre.

Vous avez besoin d'elle et, en même temps, vous avez besoin d'air. Quand elle est trop là, sa présence vous étouffe et vous avez envie de partir. Quand elle n'est plus à vos côtés, elle vous manque vraiment. Quand elle veut vous câliner, vous la repoussez. Quand elle vous laisse tranquille, vous recherchez un contact physique et vous allez l'enlacer, spontanément, comme ça. Quand elle vous pose des questions, vous la trouvez curieuse, déplacée, envahissante. Quand elle ne vous demande rien, vous avez le sentiment qu'elle se désintéresse de vous.

Bref, « elle n'a jamais la bonne attitude! », dites-vous, et la distance entre vous et elle, quoi qu'elle fasse, ne vous paraît jamais la bonne.

BESOIN D'ELLE ET BESOIN D'AILES

Tel un yo-yo, une force étrange vous emmène loin d'elle, et une autre force, tout aussi étrange, vous ramène à ses côtés. En fait, vous avez besoin d'ailes et d'elle, d'ailes et de racines…

Ce phénomène, figurez-vous, porte un nom. C'est le « processus de séparation-individuation » : en français, cela signifie qu'avant de construire votre personnalité, votre identité d'individu unique, vous devez vous séparer symboliquement de vos parents en devenant plus autonome, moins dépendant(e) de leur présence, de leur protection, de leurs idées… bref, découvrir que ce qui vous lie à eux n'est plus de l'ordre du besoin vital.

C'est donc dans ce contexte et tout naturellement que vous allez remettre en cause les opinions de vos parents et les valeurs qu'ils vous ont transmises pendant votre enfance :

« – Non, vous ne pensez pas comme votre père qui vote toujours pour le même parti politique. »

« – Non, décidément, vous ne comprenez pas comment votre mère peut croire en Dieu dans ce monde violent et vous énumérez rageusement les catastrophes de l'actualité… »

Mais il ne s'agit pas de tout rejeter ni de piétiner vos racines. Car, sans racines, on ne peut ni tenir debout ni pousser. Là encore, vous avez à faire une sélection délicate. Pour vous construire, vous devez en fait préciser en quoi vous appartenez à votre famille, quels traits paternels et maternels vous revendiquez, et en quoi votre personnalité ou vos idées diffèrent de celles de votre entourage.

CONTRE ELLE, TOUT CONTRE ELLE !

Cet instinct d'individuation vous pousse souvent à vous opposer à votre mère, pour tout, pour rien, comme un rituel pour vérifier qu'elle vous y autorise. Vous mettez en cause ce qu'elle représente et ce qu'elle est en sa qualité d'individu.

Symboliquement, elle est la Mère. Celle dont l'enfant dépend pour se développer harmonieusement. C'est elle qui dispense les nourritures physiques, mais aussi affectives, intellectuelles et psychologiques dont un petit humain a besoin. Remettre en question ses bons soins signifie donc : « Je suis grand(e) maintenant, je suis capable de poursuivre mon chemin sans que tu sois là pour me guider. »

Plus concrètement, elle est VOTRE mère. Celle qui vous a élevé(e). Celle qui vous a transmis, entre bien d'autres choses, ses valeurs. Jusqu'à présent, l'enfant que vous étiez l'a aimée aveuglément. Aujourd'hui, l'adulte que vous devenez entrevoit en elle l'individu qu'elle est, avec ses défauts, ses qualités, ses fragilités, ses forces, ses doutes et ses certitudes... S'opposer à elle est une manière de revendiquer votre indépendance intellectuelle et

psychoaffective : « Je ne suis pas que ton fils ou que ta fille ! Je pense par moi-même et je veux choisir ma vie et elle ne sera pas dans la droite lignée de la tienne. »
Dans le travail de tri que vous accomplissez actuellement (qu'est-ce que je garde de l'attitude des autres, qu'est-ce que je jette ? Dans quelle mesure je m'en inspire ?), la remise en question de votre mère est inéluctable et néanmoins douloureuse. Pourquoi ? Parce que, quels que soient les côtés de sa personnalité qui vous énervent, vous l'aimez.

« MAMAN, EST-CE QUE TU M'AIMES ENCORE ? »

Et elle, vous aime-t-elle encore malgré votre métamorphose ? C'est plus fort que vous, vous avez sans cesse besoin de vérifier son attachement. Aussi la provoquez-vous et interprétez-vous toutes ses réactions.
Assurément, votre jean effiloché, vos lacets défaits sur vos grosses chaussures, ça n'a pas l'air de lui plaire, mais elle vous laisse vous habiller à votre guise : ça, c'est une preuve d'amour !
Visiblement, ça l'embête que vous soyez devenu(e) végétarien(ne) et militant(e) vert, mais elle vous concocte (en râlant certes) des repas équilibrés sans viande et elle vous découpe tous les articles sur l'environnement qu'elle voit passer dans les journaux : si ça, ce n'est pas une preuve d'amour !

Oui, malgré votre nouvelle apparence et votre nouvelle maturité, elle vous aime.

C'est justement parce qu'elle vous aime qu'elle refuse que vous trouiez votre narine pour y mettre un anneau : elle ne veut pas que vous mutiliez votre corps. C'est encore parce qu'elle vous aime qu'elle ne transige pas sur vos résultats scolaires : elle ne veut pas que vous perdiez de temps et que vous compromettiez votre avenir. C'est toujours parce qu'elle vous aime qu'elle fait attention à vos fréquentations. Ce jeune homme plus âgé que vous lui paraît louche. Cette fille trop dévergondée ne lui dit rien de bon. Elle a peur que vous ne vous laissiez influencer et que vous ne vous retrouviez dans des situations périlleuses.

« TA MÈRE EST MIEUX ! »

Un proverbe dit : « L'herbe est toujours plus verte dans le pré du voisin. » Vous, vous dites que les mères des autres sont mieux que la vôtre.

Tenez, la mère de Marjorie, par exemple, elle fait jeune et elle s'habille à la mode. Elle est jolie. Pas comme la vôtre ! Et la mère de Lulla ? Elle, elle est enseignante à la faculté, elle est intelligente et très brillante. Pas comme la vôtre ! La mère de François, elle est trop sympa et très ouverte. Elle comprend son fils. Pas comme la vôtre !

De leur côté, et c'est ça qui c'est rigolo, vos copains font pareil ! Ne les avez-vous jamais entendu dire : « T'as du pot, ta mère, elle au moins, elle… (à vous de compléter) » ?

OUI, MAIS VOTRE MÈRE, ELLE EST COMME ÇA !

Ne vous en déplaise, votre mère, elle est comme elle est, avec ses forces, ses faiblesses, ses défauts, ses qualités, ses grandeurs dont vous êtes fier(ère) et ses bassesses dont vous avez peut-être honte, sa personnalité et son histoire.

Son histoire? Oui, son histoire! Car figurez-vous que votre mère n'a pas toujours été votre mère et qu'encore aujourd'hui elle n'est pas QUE votre mère. Elle a été une enfant, une sœur, une élève, une adolescente. Elle est aussi la fille de vos grands-parents. Elle est une femme. Elle a été, elle est ou elle sera une amoureuse, une épouse. Elle est une professionnelle. Elle est surtout un individu à part entière...

Et c'est l'expérience qu'elle a de ces différents rôles qui influence la mère qu'elle est, qu'elle a été et qu'elle sera demain pour vous.

Ainsi comprend-elle beaucoup de vos réactions, de vos émotions, de vos jeux, de vos attitudes, de vos réflexions à la lumière de ce qu'elle a vécu et ressenti. Ainsi vous a-t-elle transmis des valeurs qu'elle a reçues ou qu'elle s'est forgées et qu'elle estime être bonnes. Parce qu'elle vous aime, elle souhaite que vous viviez des choses qu'elle aurait aimé vivre et qu'elle n'a pas vécues.

De la même manière, elle veut vous préserver de tout ce dont elle a souffert et souffre encore. Elle n'y parvient pas toujours, certaines choses échappent à sa volonté. Malgré elle, elle vous communique aussi ses angoisses, ses blessures passées ou actuelles. Malgré elle, elle peut reproduire avec vous des situations qu'elle a expérimentées douloureusement.
C'est qu'elle ne maîtrise pas tout, votre mamounette! Elle a des comportements, des réactions qui lui échappent.

« MAMAN, QU'EST-CE QUE TU AS ? »

Au spectacle intitulé « Votre grand chambardement intérieur », votre mère avec son histoire est aux premières loges, et elle assiste, assise sur un strapontin, à tous les actes de votre transformation. Cependant, ce n'est pas une spectatrice comme les autres : elle vous connaît bien, très bien, trop bien, et tout cela la rend extrêmement réceptive à ce qui arrive à son héros ou à son héroïne (c'est-à-dire vous!).

Tour à tour, vous l'attendrissez, vous la faites sourire, rire, mais vous la perturbez aussi, vous l'inquiétez, vous l'empêchez de dormir, vous la faites pleurer.

Pour elle, votre adolescence signifie beaucoup de choses qui vous échappent sans doute. D'abord, elle doit faire le deuil de l'enfant que vous étiez, celui (celle) qu'elle ne fera plus sauter sur ses genoux.

Ensuite, en vous voyant devenir lentement mais sûrement un homme ou une femme, elle anticipe ce qui va se passer inéluctablement : vous allez lui échapper de plus en plus, devenir de plus en plus autonome, avoir de moins en moins besoin d'elle,

puis, un jour, quitter la maison.
« Heureusement! vous écriez-vous. Elle ne m'a pas mis(e) au monde pour que je reste un bébé toute ma vie! » Bien sûr, bien sûr, vous avez raison, mais, laissez-lui, s'il vous plaît, du temps et le droit d'être ambivalente (vous l'êtes bien, vous aussi!).
Au fond, votre mère est partagée entre deux sentiments : elle est fière de vous voir grandir et, en même temps, elle a la nostalgie de votre enfance. Elle espère aussi tout au fond de son cœur que vous réussirez tous les deux à retrouver un mode d'emploi réciproque et à sceller une relation tendre et riche entre adultes.

VOUS MÛRISSEZ, ELLE VIEILLIT

Autre aspect à prendre en compte : quand vous étiez petit(e), elle, elle était jeune et, tout naturellement, votre âge la renvoie au sien, votre adolescence la renvoie à ce qu'on appelle sa « maturescence ».
En d'autres termes, alors que vous entrez dans la vie, elle, elle est déjà à mi-parcours. Qu'a-t-elle fait de la bonne trentaine d'années qui vient de s'écouler, à part un(e) bel(le) enfant (vous)? C'est la question qu'elle se pose, et les réponses sont parfois douloureuses, sources d'angoisses et d'insatisfaction, parfois sereines.
Cette crise de milieu de vie sera d'autant plus prononcée si vous êtes le (la) dernier(ère), que vous n'avez pas de petit frère ou de petite sœur.

Cette *middle-life crisis*, comme disent les Anglo-Saxons, sera aussi très forte si votre maman a consacré tout son temps à être votre mère. En clair, si vous seul(e) donnez un sens à sa vie et qu'elle n'est investie ni dans une activité professionnelle ni dans une relation amoureuse (avec votre père ou un autre homme). Pour les mères qui ont consacré tout leur temps au rôle de mère, l'adolescence des enfants représente l'occasion de repenser l'organisation de leur vie. En effet, ces mères au foyer sans enfants se retrouvent avec beaucoup de temps libre. C'est une période de changement déroutante. Chaque mère choisit alors la manière de réorganiser sa vie. Certaines reprendront un travail, d'autres choisiront des loisirs qu'elles n'avaient pas le temps de pratiquer.

Quelle que soit l'aisance ou la difficulté de votre mère face à cette étape de sa vie, faites-lui confiance pour trouver elle-même et toute seule sa solution. Ce n'est pas à vous de régler le problème à sa place, même si vous ressentez une certaine culpabilité : elle n'a pas mis un enfant au monde pour le garder auprès d'elle.

COMME ELLE OU CONTRE ELLE

Par rapport à votre mère, vous avez donc aujourd'hui une position à prendre et un défi à relever. Allez-vous construire votre vie en vous inspirant un peu, modérément, beaucoup, pas du tout d'elle ? Quel que soit votre choix, une chose est sûre : que vous fassiez comme elle ou contre elle, vous allez devoir faire AVEC elle. Avec tout ce qu'elle vous a transmis et dont vous êtes ou non conscient(e)..

D'où le défi suivant : celui de réinventer une relation autant que possible tendre, constructive et agréable avec celle qui est votre mère… pour toujours. Vous pariez?

MAL DE

VOUS LA RÉINVENTEZ

ELLE EST LÀ, MAIS...

ELLE EST MALADE

MÈRE

ELLE N'EST PLUS LÀ

AVOIR UNE AUTRE MÈRE

ELLE AIME QUELQU'UN

ELLE N'EST PLUS LÀ

Pour la plupart d'entre vous, les choses sont claires : la mère qui vous a porté(e) est celle qui vous a élevé(e) et avec laquelle vous vivez encore.

Pour d'autres, la notion de mère est moins évidente. Il y a la mère dite biologique ou « génitrice » (ce mot n'est pas joli, n'est-ce pas?). Elle vous a conçu(e) et c'est dans son ventre que vous avez passé plus ou moins quarante semaines. Elle vous a transmis ses gènes, son nez en trompette et ses cheveux bouclés. De cette période-là, il vous reste une cicatrice au milieu du ventre : le nombril.

Puis, pour une raison qui appartient à votre histoire – cela peut être un abandon, un décès, une maladie ou une autre circonstance –, c'est aujourd'hui une autre femme qui s'occupe de vous et auprès de laquelle vous grandissez. Celle-ci vous a recueilli(e), accueilli(e)... Est-ce un membre de votre famille? Est-ce la nouvelle compagne de votre père? Vous

a-t-elle adopté(e)?... Peu importe : cette femme vous aime et vous l'aimez. Vous la considérez comme votre mère et vous l'appelez peut-être même « maman ». C'est votre mère de « substitution » (ce mot n'est pas joli, non plus, n'est-ce pas?).

Aussi, quand on vous parle de votre mère, ce sont deux noms et deux visages qui tournent dans votre tête et parfois vous avez envie de demander : « Laquelle? » Laquelle? Celle que vous ne voyez presque jamais ou celle qui vous embrasse tous les matins? Celle qui est partie pour toujours ou celle que vous voyez tous les jours? Celle qui a laissé quelque part en vous une étrange blessure ou celle qui soigne vos bobos quotidiens?

VOUS LA RÉINVENTEZ

Laquelle? La mère absente ou la mère présente? Vis-à-vis des deux, vos sentiments sont ambivalents.

À l'égard de votre maman biologique, vous ressentez, selon les moments, de la colère (pourquoi est-elle partie? Pourquoi est-elle déficiente? Pourquoi ne s'occupe-t-elle pas de moi?), de la curiosité (quelle tête a-t-elle ou aurait-elle aujourd'hui? Quelle attitude adopterait-elle si elle était là? Me laisserait-elle plus ou moins de liberté que je n'en ai aujourd'hui?). Par ailleurs, vous avez tendance à la réinventer et à l'idéaliser, particulièrement quand ça va mal avec votre maman de substitution. Si elle avait été là, pensez-vous, elle vous aurait compris(e), elle, c'est sûr!

À l'égard de votre maman de substitution, c'est à la fois simple et compliqué. Vous l'aimez, cela ne fait aucun doute. Bien évidemment, il y a, entre vous, des périodes de crise, mais pas plus qu'entre un(e) autre adolescent(e) et sa maman.

En revanche, un fantôme hante vos conflits : c'est votre maman manquante. Votre « seconde maman » n'est pour rien dans votre histoire, mais, symboliquement, vous lui en voulez d'être là. Sa présence vous renvoie à l'absence de votre « première mère » et vous le lui faites sentir. C'est injuste. Au fond de vous, vous le savez, mais c'est ainsi : il faut bien que vous déversiez votre colère ou votre peine...

Par ailleurs, une autre image s'impose à vous quand il y a de l'eau dans le gaz : c'est celle de votre maman manquante, idéalisée! Très présent

pendant votre enfance, ce personnage n'existe en fait que dans votre pensée comme un subtil mélange de ce que vous savez, de ce que vous imaginez de votre première mère et de ce que vous aimeriez qu'elle soit. En d'autres termes : vous vous êtes inventé une mère idéale!

Aussi, quand ça ne va pas, hop! la tentation est grande de se réfugier derrière cette femme virtuelle, mais pourtant protectrice. C'est une manière d'échapper au conflit avec votre famille actuelle, de ne pas vous remettre en cause et de ne pas analyser la situation. Simplement, le problème à régler (vos notes, les horaires de sortie, le ménage de votre chambre…) devient une question de « personne » entre votre seconde mère et vous.

Aujourd'hui, votre mère manquante idéalisée a tendance à être moins puissante en vous. Pourquoi? Tout simplement, parce que vos nouvelles capacités d'analyse vous permettent de sortir du modèle simpliste mère idéale-mère décevante. Effectivement, en grandissant, vous accédez à une vision et à un questionnement plus justes sur vos mères adoptive et biologique. Femmes qui ont toutes les deux des défauts et des qualités, des forces et des faiblesses… Et qui ont également toutes les deux un lien fort avec vous.

ELLE EST LÀ, MAIS...

Pour certains d'entre vous, la situation est encore différente. Votre mère est bien là, vous vivez sous le même toit qu'elle et pourtant... vous avez le sentiment, jour après jour, qu'elle est à vos côtés sans y être vraiment. Elle peut être très préoccupée par sa situation et vous semble donc absente et inattentive à ce que, vous, vous pouvez vivre et ressentir. Autre possibilité : ses choix de vie compliquent votre vie quotidienne.

Vous n'avez rien demandé !

Si votre histoire et votre situation avec votre maman sont sources de grandes souffrances et de blessures, il y a inévitablement des moments où vous vous dites : « Je n'ai rien demandé, moi! Premièrement, ce n'est pas moi qui ai voulu venir au monde! Deuxièmement, je subis plein de choses pour lesquelles personne n'a sollicité mon avis! »
Certes, dans l'aventure que vous vivez avec votre mère, il y a beaucoup d'éléments que vous n'avez

pas choisis et dont vous subissez les conséquences de manière transitoire, chronique ou définitive.
Hélas ! vous ne pouvez pas changer certains épisodes de votre histoire, ce n'est pas possible. Vous allez devoir vivre avec eux pendant une période plus ou moins longue ou même pendant toute votre vie. Autant que ce soit le mieux possible, n'est-ce pas? Cela ne veut pas dire sans douleur, mais dans un état d'esprit alerte et positif. Vous avez un vrai rôle à jouer dans ce qui vous arrive ou dans ce qui vous est arrivé.
Pour vous y aider, voici, présentées sous forme de petites histoires, des situations dans lesquelles vous vous reconnaîtrez peut-être. Puisez-y des pistes de réflexion, de l'énergie et de la force !

LA MÈRE DE MARIE L'A ABANDONNÉE

Marie vit chez les Dupont depuis qu'elle a 3 mois. Elle a toujours su que son papa et sa maman n'étaient pas ses vrais parents et, jusqu'à l'adolescence, elle n'en avait jamais vraiment souffert. Son papa et sa maman d'aujourd'hui sont tellement affectueux avec elle!

Mais, depuis que Marie se demande quelle adulte elle va devenir, son adoption ou plus exactement le fait qu'elle ait été abandonnée par sa mère à la naissance la plonge dans un océan de questions et dans une remise en cause douloureuse d'elle-même : pourquoi a-t-elle fait ça? Est-ce que je n'étais pas assez bien pour elle?

À force de réfléchir, Marie se sent prisonnière d'un douloureux paradoxe : si sa mère a pu la laisser, c'est certainement une femme égoïste et odieuse ou bien alors c'est elle, Marie, qui est nulle, pas « aimable » puisqu'elle ne l'a pas aimée.

Bien sûr, M. et Mme Dupont lui ont déjà expliqué trente-six fois qu'il faut voir dans le geste de sa maman de l'amour et de la générosité. Elle s'est rendu compte qu'elle n'était pas disponible pour accueillir un enfant dans sa vie. Et, plutôt que de mal s'en occuper, elle a préféré la confier à un couple qui avait très envie d'être parents.

C'est une façon de voir les choses, mais comment les Dupont peuvent-ils dire ça? Ils ne la connaissent pas et ne savent rien d'elle! Et puis, dans ce cas-là, pourquoi n'a-t-elle pas laissé une lettre pour elle dans son dossier? Pour s'expliquer?

Marie se sent obsédée par cette inconnue dans le ventre de laquelle elle a vécu neuf mois. Qui était-elle? Quelle tête avait-elle? Quel caractère? Et son père, sait-il que Marie existe? Est-ce que sa mère pense encore à elle? Se demande-t-elle ce qu'elle est devenue? Elle ne sait même pas comment elle s'appelle, puisque c'est la sage-femme de la maternité qui l'a prénommée. Son ignorance sur ses origines l'angoisse. Quand Marie voit dans la rue une femme qui lui ressemble, elle se dit qu'elle vient peut-être de croiser sa mère.

Malgré l'amour de ses parents adoptifs, Marie sent une béance en elle : elle a été abandonnée. Et si cela lui est arrivé une fois, cela pourrait très bien se reproduire. Alors, elle se méfie et, depuis quelques mois, elle est devenue prudente dans ses amitiés. Les amours? N'en parlons pas! S'attacher à un garçon en ce moment, c'est trop dangereux.

Si vous êtes dans la même situation que Marie

– Vous êtes digne d'amour puisque vos parents adoptifs tiennent à vous comme à la prunelle de leurs yeux et qu'ils se sont occupés de vous pendant toutes ces années.

– Vous ne valez pas « rien » puisque vous êtes capable d'aimer votre famille et de vous poser toutes ses questions.

– Vous avez le sentiment que vos racines sont coupées, mais elles vivent en vous biologiquement, inconsciemment. Vous avez une « famille en plus » qui vous offre une place dans son histoire.

– Si le secret de vos origines vous paralyse, vous empêche d'avancer, vous pouvez consulter les services administratifs de l'Aide sociale à l'enfance. Ceux-ci conservent des archives à votre sujet et peut-être parviendrez-vous à grappiller quelques informations : des prénoms, des noms, des dates, un lieu de naissance.

– Vos relations avec vos amis, avec les gens que vous fréquentez sont aussi une forme de racines, des racines que vous avez choisies, avec des gens qui vous ont choisi(e), vous.

LA MÈRE DE MARTIN EST DÉCÉDÉE

Tout allait bien, et puis, il y a un an, coup du destin, cet accident a eu lieu. La mère de Martin était au volant. Un virage, la grêle, un arbre, et c'était fini. Son cœur s'est arrêté de battre immédiatement, irrémédiablement, pour toujours. Elle avait tout juste 42 ans.

Depuis, Martin a le sentiment d'être anesthésié, de ne plus rien ressentir en dehors d'une douleur qu'il n'avait jamais connue jusque-là. En fait, il se sent amputé : une sensation terrible et étrange, comme s'il lui manquait un morceau de lui-même. Pourquoi la mort l'a-t-elle emportée, elle? Pourquoi elle? Peut-être que si elle avait été plus attentive, elle aurait mieux conduit. Peut-être que… Si…

Par moments, il lui reproche de n'être plus là, de l'avoir « laissé tomber »… et aussitôt il s'en veut d'avoir eu une telle pensée.

Pour Martin, l'absence de sa mère est un enfer. Il se rend compte jour après jour combien sa maman prenait de la place dans sa vie. Du bisou du matin jusqu'à celui du soir, elle était là, au courant de tout ou presque, attentive à tout : sa santé, son moral, ses notes… Son amour manque à Martin, son attention, son parfum, ses sourires. Lui rendre service lui

manque. Même ses reproches lui manquent. Maintenant, il peut rapporter tranquillement des bulles en maths, son père ne dit rien… il va trop mal pour dire quoi que ce soit. Lui aussi est rongé par la peine. Lui qui paraissait si invulnérable aux yeux de Martin est devenu triste.

Si vous êtes dans la même situation que Martin

– Vous allez devoir apprendre à vivre sans elle, sans l'amour et l'attention qu'elle vous portait. C'est très douloureux. Vous ressentez un chagrin incommensurable.

– Ne retenez pas vos larmes, pleurez et n'ayez pas honte de pleurer devant vos amis.

Vos yeux s'inondent de larmes pour un oui, pour un non. Un parfum, un objet, un souvenir, et voilà que votre regard devient brillant…

Acceptez d'avoir de la peine et autorisez-vous à l'exprimer. C'est important. Vous n'êtes pas super(wo)man et on ne vous demande pas de l'être.

– Trouvez quelqu'un à qui parler. Quelqu'un qui n'est pas affecté de plein fouet par cette disparition. Confiez-vous à lui. Dites-lui votre colère, votre révolte, votre amour pour votre mère. Dites-lui toute votre tristesse.

Votre maman n'est plus à vos côtés, mais elle continue à vivre dans votre tête et surtout dans votre cœur. Vous ne l'oublierez jamais. Mais son souvenir ne doit pas vous paralyser ou vous empêcher de vivre. Au contraire, faites en sorte qu'il vous porte et qu'il vous donne de la force. Vous avez entendu parler de deuil : « faire le deuil » de quelqu'un, ce n'est pas l'oublier, au contraire, c'est réussir à vivre un peu moins douloureusement après sa mort. C'est ne pas penser seulement à son absence, mais réussir à se rappeler aussi les bons moments…

LA MÈRE DE GRÉGOIRE EST MALADE

La mère de Grégoire a un cancer du sein. Elle souffre. Elle est exténuée par son traitement, très amaigrie. Elle essaie quand même d'accompagner sa famille dans son quotidien : la réunion que son mari a animée ce matin, le contrôle de maths de Matthias, la dent qui bouge de la sœur de Grégoire… Mais, malgré tous ses efforts, elle a du mal à être présente, si absorbée qu'elle est par son mal. Pour Grégoire, cette maladie, c'est comme un tremblement de terre : tout dans sa vie a basculé, tout en lui est bouleversé.

Matériellement d'abord. Il aide beaucoup sa mère si fatiguée et son père qui travaille. Il surveille sa sœur, l'emmène chez le dentiste. Il fait des courses, prépare certains repas. Il porte, range, va à la pharmacie… Grégoire est fier de pouvoir se rendre utile, d'être là quand on a besoin de lui. Néanmoins, parfois, Grégoire en veut à sa mère : si elle était en bonne santé, ne serait-il pas en train de faire du roller avec ses copains à l'heure qu'il est? Immanquablement, dix minutes après, Grégoire s'en veut d'avoir eu des « mauvaises pensées » et une culpabilité dévorante l'envahit. Il a mal au ventre, il a envie de pleurer.

Mais le grand chamboulement est surtout intérieur. Grégoire souffre d'un profond sentiment d'impuissance : voir sa maman dans un tel état lui est insupportable. Il est aussi en permanence inquiet : et si son père ne lui disait pas tout, pour le ménager, pour se ménager lui-même? Et si elle mourait, si elle devenait absente pour toujours? C'est alors qu'une angoisse incommensurable s'empare de lui. Oui, sa mère est mortelle, c'est un être humain. Non, elle n'est pas invulnérable, pourtant il pensait qu'elle serait toujours là pour le protéger. Oui, il peut la perdre demain et, si cela arrivait, il se dit qu'il ne s'en remettrait pas. Oui, la mort est irréversible et il a peur. Une peur panique qui le fait sangloter presque tous les soirs dans son lit ou qui lui fait faire des bêtises. Hier, il a volé dans un magasin en se disant très exactement qu'il se moquait de tout, que rien n'avait d'importance puisque sa mère était gravement malade, que, bientôt peut-être, il serait tout seul.

D'ailleurs, Grégoire se sent seul. À qui parler de tout ça? À sa sœur : c'est lui qui la console. À son père : surtout pas, il est déjà tellement accablé lui-même. À ses copains : ils préfèrent parler de foot, de filles, de bagnoles et ne pas les embêter avec ça. À des profs : Grégoire craint trop leurs commentaires sur ses notes qui dégringolent.

Si ça continue, il va repiquer sa cinquième. Quelle importance? Il perd du temps? Et alors? Comment Grégoire pourrait-il se projeter dans l'avenir alors que l'année prochaine risque d'être synonyme d'aggravation de l'état de santé de sa mère ou même de sa disparition? Comment imaginer demain si cela revient à imaginer la vie sans elle?

Si vous êtes dans la même situation que Grégoire

– Parlez! Trouvez quelqu'un auprès de qui exprimer ce que vous ressentez.

Ce doit être une personne en qui vous avez confiance. Si vous ne trouvez personne dans votre entourage qui puisse vous épauler, sollicitez l'aide d'un professionnel. Rencontrez un psy (-chologue, -chanalyste, -chiatre). Celui-ci vous écoutera et vous aidera à désamorcer une culpabilité trop pesante.

– Dites-vous bien que vous n'êtes pour rien dans la maladie de votre mère et que sa guérison ne dépend pas de vous.

– Parlez aussi à votre mère. Dites-lui votre amour, votre inquiétude et vos espoirs pour elle. Dites-vous ce que vous avez à vous dire tous les deux.

– Même si, en ce moment, vous assumez des tâches matérielles à sa place, même si vous vous occupez beaucoup d'elle, elle reste votre mère.
– Osez aussi demander les informations dont vous avez besoin. Ayez confiance : pour ça, votre intuition vous mènera vers le bon interlocuteur.
Et surtout :
– Continuez à vivre ! Voyez des copains, jouez, faites du sport, lisez, tenez-vous informé(e) de ce qui ce passe dans le monde... Ne vous repliez pas sur vous-même ou sur votre famille.

LA MÈRE DE JULIE EST DÉPRESSIVE

Quand Julie rentre du collège, elle trouve sa mère assise dans un fauteuil, dans la pénombre, fumant cigarette sur cigarette.
– Qu'est-ce que tu fais? lui demande-t-elle.
– Rien, répond sa maman.
Rien : c'est exactement ça. Depuis plusieurs semaines maintenant, elle ne fait rien, ne dit rien ou presque et sort très peu. Elle est en jogging, elle ne s'apprête plus, ne se maquille plus. Elle s'occupe de moins en moins de la maison et prépare des repas rapides, des surgelés le plus souvent.
Julie sent bien que sa mère va mal. Au début, elle et son père ont tenté avec beaucoup de volonté de la divertir et de lui redonner de l'énergie. D'abord, Julie évitait de lui parler de ses soucis pour ne pas en rajouter. Puis elle essayait d'être gaie et lui racontait mille et un détails sur sa journée, ses amis, ses

profs. Elle lui parlait de ce qu'elle avait vu, entendu, lu. Elle lui achetait des magazines. Elle renonçait même à certaines sorties pour ne pas la laisser seule ou pour ne pas l'inquiéter... Mais toutes ses tentatives ont échoué. Autre constat qui n'arrangeait rien : son père démissionnait de plus en plus, il partait tôt, il rentrait tard et, quand il était là, il était gentil, prévenant, mais il s'occupait de ses petites affaires. Il se protégeait et ça énervait Julie. Elle le traitait d'égoïste, de lâche... Et si elle en faisait autant, elle, hein?

– Mais enfin, maman! Secoue-toi! Rebondis! Fais quelque chose ! Tu t'es vue? Tu ne peux pas rester comme ça, jour après jour, à te morfondre! s'est énervée un matin Julie.

Mais sa mère a fondu en larmes, là, devant elle.

Une lame de fond renverse le cœur de Julie. Elle se sent une mauvaise fille, incapable de comprendre sa mère, incapable de la sortir de l'état dans lequel elle se trouve. Elle aussi a envie de pleurer. Au moins pour deux raisons. Premièrement, elle souffre de voir quelqu'un qu'elle aime s'enfoncer ainsi et, deuxièmement, elle en a marre, marre de la porter, marre de la supporter.

Maintenant, Julie est en permanence inquiète : comment va-t-elle retrouver sa maman ce soir? Sera-t-elle en larmes? Aura-t-elle pris ses médicaments qui la rendent si vaseuse? Sera-t-elle allée travailler ou non?

De plus en plus souvent, Julie se révolte intérieurement : « Et moi, alors? J'ai envie de rire, de m'amuser! Elle me gâche la vie avec son mal-être suintant », et elle se surprend à rêver d'une autre mère, dynamique, débordante de projets, joyeuse, souriante, pleine de vie…

Si vous êtes dans la même situation que Julie

Votre mère est dépressive et c'est difficile pour vous, pour les autres membres de la famille, mais aussi pour elle. Vous êtes inquiet(e), malheureux(se) de la voir ainsi, et c'est tout à fait normal puisque vous êtes attaché(e) à elle.

Néanmoins, il est fondamental pour vous, pour vous aider à vivre cette situation, de prendre conscience de plusieurs choses :

– Vous devez l'aider mais attention! vous ne pouvez pas tout pour elle. Elle doit faire un travail sur

elle-même et pour elle-même que nul ne peut entreprendre à sa place.
– Vous n'êtes pas responsable de sa dépression ou de sa non-guérison.
– Vous n'êtes pas responsable d'elle.
– C'est elle qui souffre de dépression, pas vous.
– Vous êtes et vous devez rester son fils ou sa fille. Vous n'êtes pas sa mère, ni son père, encore moins son médecin.

Facile à dire tout ça, mais, au quotidien, c'est lourd à porter et à supporter. Que pouvez-vous faire?
– Dites-lui que vous l'aimez. Que vous souffrez de la voir comme ça. Que c'est dur pour vous. Que vous voulez qu'elle se fasse soigner (si ce n'est pas déjà le cas) et qu'elle prenne rendez-vous avec des professionnels compétents.
– Continuez à être intentionné(e) en étant bien conscient(e) que ce n'est pas votre gentillesse qui va la guérir.
– Parlez de la manière dont vous vivez la situation avec un adulte en qui vous avez confiance et qui saura vous écouter : les parents d'un(e) de vos ami(e)s, un professeur, un membre de votre famille... Confiez-lui ce que vous ressentez. Surtout ne gardez pas tout pour vous, c'est bien trop lourd à porter.
– Continuez à mener votre vie, à rire, à réaliser vos projets sans culpabilité. Qu'elle puisse vous voir aller de l'avant sera certainement un soulagement pour elle.

LA MÈRE DE LÉA A UN AMOUREUX

Léa le voit bien : sa mère n'est plus la même depuis un certain temps. Elle a changé, physiquement d'abord. Elle est beaucoup plus coquette, elle se maquille, elle se parfume, elle s'est acheté de nouveaux vêtements et surtout elle s'épile! Ensuite, sa maman est de meilleure humeur, elle sourit davantage, elle a l'air plus détendue et, petit détail qui ne trompe pas, elle a changé de voix au téléphone. Bref, Léa l'a facilement deviné : sa mère est amoureuse.

Aussi quand celle-ci, toute émoustillée, veut lui annoncer la nouvelle, Léa répond sèchement :

– Si tu crois que je ne l'avais pas remarqué!

Une maman heureuse et jolie, Léa devrait être contente. Elle ne l'est pas. Au contraire, ça lui

donne plutôt envie de pleurer et ça l'angoisse.
« Elle n'est plus disponible », se plaint Léa. « Elle ne fait plus attention à moi, elle se moque de ce que je fais, de ce que je pense », « Elle oublie ce que je lui demande », « Elle ne pense qu'à lui »…
L'autre soir, alors que Léa révisait laborieusement une leçon de maths, sa mère est arrivée dans sa chambre vêtue d'une nouvelle robe : « Comment tu me trouves? » lui a-t-elle demandé avec coquetterie. Puis elle l'a embrassée sur le front et a ajouté étrangement : « Ne t'inquiète pas pour moi, ne m'attends pas, je rentrerai sans doute tard… » Et elle est partie, ravie, laissant Léa seule et effondrée.
– C'est de mon âge d'avoir un amoureux, pas du sien ! s'est-elle écriée en lançant de dépit son crayon par terre.

Si vous êtes dans la même situation que Léa

Un homme a fait irruption dans la vie de votre mère et vous avez le sentiment que plus rien n'est comme avant. Rassurez-vous : c'est normal! À chaque situation nouvelle, les repères vacillent. Dans votre tête, tout se bouscule et vous vous posez beaucoup de questions, dont deux vous déstabilisent tout particulièrement :

– Et moi alors? Quelle place me reste-t-il si quelqu'un devient subitement important dans la vie de ma mère?

– Qui est ma mère?

– Un premier conseil : acceptez la période de crise sans paniquer et sans remettre en question l'amour que votre mère vous porte. Vous n'êtes pas en concurrence avec l'amoureux de votre maman, il n'y a pas de compétition possible entre vous. Vous êtes et vous resterez quoi qu'il arrive son fils ou sa fille.

– Avouez-le : si cette aventure ne concernait pas votre mère, vous poseriez un regard différent, sans doute bienveillant et compréhensif, sur toute cette histoire. C'est plutôt bien l'amour, non? Alors, que se passe-t-il? Que vous arrive-t-il?

– L'image maternelle que vous avez en vous est bouleversée et mise à rude épreuve. Oui, votre mère est aussi une femme et elle a une sensualité, une sexualité qui vous échappent.

Quand vous la voyez se rendre séduisante, quelque chose bondit en vous, vous avez le sentiment d'approcher de trop près un interdit, un tabou. Elle vous donne à voir ce que vous ne souhaitez pas savoir d'elle.

– Tout dépend aussi, bien sûr, de la situation dans laquelle vous vous trouvez. Si votre mère vit encore avec votre père ou non.

Si vos parents vivent encore ensemble, surtout ne prenez parti ni pour l'un ni pour l'autre et ne profitez pas de la situation pour régler des comptes en faisant une alliance illégitime avec votre papa abandonné.

– Appréciez ce qu'il y a de positif dans cette situation : votre mère semble heureuse. C'est important.

LA MÈRE DE JÉRÉMY A UNE AMOUREUSE

Depuis qu'il a deux ans, Jérémy vit avec sa maman et… tata, l'amoureuse de sa maman. Quand il était petit, il l'appelait comme ça. Maintenant, il dit « Claire », il préfère. Son père : disparu, envolé ! Jérémy a néanmoins de bons souvenirs de son enfance : beaucoup d'amour, beaucoup de temps passé à jouer avec elles deux, beaucoup de rire, de joie. Ils formaient tous les trois une famille dynamique, sur le plan à la fois sportif et culturel.

Bien sûr, quelquefois, ses copains lui disaient : « Toi, t'as deux mamans et t'as pas de papa ! » Ça le rendait un peu triste, mais pas trop, finalement. Rien à voir avec maintenant.

Car, depuis quelques mois, Jérémy n'est plus heureux, insouciant comme avant. Avant quoi ? Avant son entrée en collège ? Est-ce la sixième qui le perturbe tant ? Au début, c'est ce qu'il pensait : « Il faut que je m'habitue au changement ! » Puis le temps a passé et le malaise est resté. Pourtant, à la maison, rien n'a changé : sa mère et Claire s'entendent toujours aussi bien et l'entourent d'attention et d'affection. Alors quoi ?

Alors, Jérémy a grandi ! Il se dit que sa situation familiale est particulière. Par moments, il ressent presque de la honte. Il a peur aussi. Certains copains de Jérémy ont changé : ils l'ont agressé en injuriant sa famille.

Sa mère et Claire, intuitives comme elles sont, l'ont bien senti et ont essayé d'en parler avec lui : « Oui, tu es le seul de ta classe à vivre ainsi, mais qu'est-ce qui est le mieux : être dans la norme et malheureux ou être différent et bien dans sa peau? » Jérémy sait qu'elles ont raison, mais n'empêche... Il n'invite plus de copains chez lui, il ment pour éviter des moqueries ou des jugements : « Claire? Oh, c'est ma tante, elle vit chez nous en ce moment! »

Quand il voit leur grand lit dans leur chambre, il s'interroge sur leur sexualité.
Jérémy sait que ses sentiments sont paradoxaux : parfois, il se dit qu'il est fier de sa famille, qu'il a une chance incroyable d'être aimé de ces deux personnes avec lesquelles il ne s'ennuie jamais, qu'il aime énormément, et, à d'autres moments, il est envahi d'un sentiment qui le perturbe beaucoup : il ressent de la colère à l'encontre de ces deux femmes et il est parfois tenté de les rejeter.

Si vous êtes dans la même situation que Jérémy

Parfois, vous vous sentez mal, et c'est normal : il faut être fort, quand on est différent, pour affronter le regard des autres. Et cette force, elle ne vous viendra pas comme par magie, vous allez devoir l'acquérir en réalisant un travail sur vous-même. Ce travail peut parfois être long, mais vous y parviendrez, vous avez probablement déjà bien commencé depuis votre petite enfance !

Premièrement, relativisez ! Vous vivez avec deux femmes certes, mais elles s'aiment, elles vous aiment, elles vous chérissent même. Et l'amour, c'est essentiel pour bien vivre.

Deuxièmement, autorisez-vous à aimer, à penser et à choisir !

– Autorisez-vous à aimer. Votre mère et son amie ont des vies affectives différentes de la majorité des gens, et alors ? Elles n'en sont pas moins dignes de votre amour. Ne laissez pas le regard des autres influencer la sincérité de vos sentiments.

– Autorisez-vous à penser. Vous avez le droit d'avoir un avis sur les choix de vie de votre mère, sur sa ou ses compagnes, sur votre vie de famille.

– Autorisez-vous un point de vue personnel sur l'amie de votre mère, en tant que personne présente dans votre histoire d'enfant et non en tant qu'amoureuse de votre mère uniquement, de la même façon qu'un enfant ne peut réduire son père à n'être que l'amoureux de sa mère.

– Au-delà du mode de vie, vous avez aussi le droit de ne pas aimer la personne avec laquelle vit votre mère, à condition de respecter son choix, car le choix amoureux des parents leur est propre : il s'agit d'un choix en tant qu'amoureuse, pas d'un choix en tant que mère.

– Autorisez-vous surtout à penser à ce que sont vos racines. Le choix de votre mère est une chose, la légitimité de vos questions sur votre père en est une autre : votre mère est capable d'entendre les questions que vous vous posez le concernant, et d'y répondre. Elle est aussi capable d'entendre votre désir de le connaître.

Il est important de distinguer le choix amoureux de vos parents de votre filiation biologique : en effet, si ces deux notions ont pu, de tout temps, être des réalités distinctes, c'est une caractéristique des trente dernières années d'avoir vu augmenter ces situations (familles monoparentales, filiation hors mariage, procréations médicalement assistées, adoptions...). Cette distinction dépasse donc largement la situation de votre parent homosexuel.

Troisièmement, considérez votre différence comme un atout.

Votre situation familiale particulière peut vous amener à vous poser certaines questions plus tôt que d'autres adolescents : la question de la sexualité, la vôtre, celle de vos parents, la question de la différence, celle de la tolérance...

Vos réflexions et vos expériences vous donneront

l'occasion d'une certaine maturité, la chance d'être plus tolérant.

La vie familiale vous permet aussi d'expérimenter que l'on n'est pas différent parce que l'on a des parents différents, en particulier dans le domaine de la sexualité. Votre mère a probablement eu des parents très classiques. Son choix ne vous dispensera pas, comme tout adolescent, de vous poser un certain nombre de questions et de faire vos choix, comme tout le monde.

Conception graphique et réalisation : Rampazzo & Associés.
ISBN : 2-7324-2882-5
loi n° 49-956 du 16 juillet 1949 sur les publications destinées à la jeunesse
Dépôt légal : septembre 2002
Imprimé en Espagne sur les presses de Grafo.